BEI GRIN MACHT SICH IHR WISSEN BEZAHLT

Daniel Lücking, Nils Nissen, Ludwig Paulsen

Auswahl und Einführung von betrieblichen Anwendungssystemen (ERP-Systemen)

GRIN Verlag

Bibliografische Information der Deutschen Nationalbibliothek:

Die Deutsche Bibliothek verzeichnet diese Publikation in der Deutschen National-
bibliografie; detaillierte bibliografische Daten sind im Internet über http://dnb.d-
nb.de/ abrufbar.

Impressum:

Copyright © 2009 GRIN Verlag GmbH
Druck und Bindung: Books on Demand GmbH, Norderstedt Germany
ISBN: 978-3-640-50531-9

Dieses Buch bei GRIN:

http://www.grin.com/de/e-book/136047/auswahl-und-einfuehrung-von-betrieblichen-
anwendungssystemen-erp-systemen

GRIN - Your knowledge has value

Der GRIN Verlag publiziert seit 1998 wissenschaftliche Arbeiten von Studenten, Hochschullehrern und anderen Akademikern als eBook und gedrucktes Buch. Die Verlagswebsite www.grin.com ist die ideale Plattform zur Veröffentlichung von Hausarbeiten, Abschlussarbeiten, wissenschaftlichen Aufsätzen, Dissertationen und Fachbüchern.

Besuchen Sie uns im Internet:

http://www.grin.com/

http://www.facebook.com/grincom

http://www.twitter.com/grin_com

Einführung in die Wirtschafts- und Verwaltungsinformatik SS 09

Auswahl und Einführung von betrieblichen Anwendungssystemen

Arbeitsgruppe B6

Daniel Lücking
Nils Nissen
Ludwig Paulsen

Inhaltsverzeichnis

Abkürzungsverzeichnis

CRM	Customer Relationship Management
ERP	Enterprise Resource Planning
ERP-II	Enterprise Resource Planning II
HRMS	Human Resource Management System
IDC	International Data Corporation
KMU	Klein und mittelständige Unternehmen
PPS	Produktionsplanungs- und Steuerungssystem
PRM	Partner Relationship Management
REFA	Reichsausschuß für Arbeitszeitvermittlung
SCM	Supply Chain Management
SRM	Supplier Relationship Management
WWS	Warenwirtschaftssystem

1. Übernahme eines bekannten ERP-Systems oder doch eine eigene Lösung ?

1.1 Problemstellung und Motivation

Das fiktive Szenario der AuFot GmbH, die ein neues ERP-System (Enterprise Resource Planning) einführen will, ist geprägt durch die Aussage, dass „viele Systeme nicht das halten, was sie versprechen". Daher entscheidet sich der Geschäftsführer des Handelsunternehmens dafür, das als funktionierend bekannte System eines befreundeten Geschäftsführers aus der Stahlindustrie (StahlProd GmbH) zu übernehmen.

Es stellt sich die Frage, ob ERP-Systeme universell in jedem Unternehmen ökonomisch sinnvoll eingesetzt werden können.

1.2 Methodisches Vorgehen und Aufbau der Arbeit

Diese Arbeit beschäftigt sich mit der Auswahl der Software zur „Planung der Verwendung von Unternehmensressourcen" (Becker, Richter und Winkelmann 2008)[1] an sich und den zu berücksichtigenden Kriterien für eine erfolgreiche Implementierung im Unternehmen.

Die Begriffserläuterungen sowie der Überblick zur Marktlage der ERP-Anbieter in Kapitel 2 leiten über zur Analyse der zu treffenden Unternehmerentscheidung. In Kapitel 3 entwickeln wir einen Lösungsvorschlag, der die Ansprüche an ein ERP-System für die AuFot GmbH beinhaltet.

Diese Handlungsempfehlung soll belegen, dass eine methodische Vorgehensweise bei der Auswahl von Unternehmenssoftware ein wesentlicher Schlüssel für die erfolgreiche Einführung von ERP-Software und die Voraussetzung für die kosteneffiziente Nutzung ist.

Kapitel 4 zeigt anhand unternehmensinterner Umstrukturierungen auf, welche Möglichkeiten mit der Anpassung der Geschäftsvorgänge einhergehen können.

2. Theoretische Grundlagen

2.1 Unternehmenssoftware

Laudon, Laudon und Schoder stellen in „Wirtschaftsinformatik – Eine Einführung" die umfassende Anwendungsbreite von Unternehmenssystemen dar. Systeme zur Planung der Ressourcenverwendung integrieren die wichtigsten Geschäftsprozesse eines Unternehmens in ein einziges Softwaresystem, so dass Informationen nahtlos durch das Unternehmen fließen können und Koordination, Effizienz und Entscheidungsfindung verbessert werden[2].

Die Systeme unterstützen bei der Datenerhebung sowie bei der Datenverwendung die folgenden Bereiche:

- Finanzwesen und Buchhaltung
- Personalwesen (HRMS)
- Herstellungs- und Produktionswesen (PPS, SCM)
- Verkauf und Marketing (CRM, SRM/PRM)

Trotz der Fähigkeit, sich an die Unternehmensgrößen anzupassen, fehlt bis heute eine universelle, für alle Branchen einsetzbare ERP-Softwarelösung, da es kaum möglich ist die unterschiedlichen Anforderungen verschiedener Betriebe abzudecken.

---

[1] Vgl., Jörg Becker, Oliver Richter, Axel Winkelmann 2008, Analyse von Plattformen und Marktübersichten für die Auswahl von ERP- und Warenwirtschaftssystemen, Arbeitsbericht Nr.121, Westfälischen Wilhelms-Universität Münster
[2] Vgl. Laudon, Laudon und Schoder 2006 ‚Wirtschaftsinformatik – eine Einführung, Kapitel 9, 10. Aufl. 2008

Oftmals müssen Standardsoftware-Pakete stark individualisiert werden, wobei es zu Komplikationen und somit zu schweren wirtschaftlichen Schäden kommen kann, wenn die Einführung des Systems scheitert[3]. Es gilt also bei der Einführung eines ERP-Systems eine umfassende Bedarfsermittlung durchzuführen, bevor ein Unternehmen sich für eine bestimmte ERP-Software entscheidet.

2.2 Begriffsabgrenzung ERP, ERP-II und Warenwirtschafts-Systeme

Die Grenzen zwischen den angesprochenen Systembezeichnungen sind zunehmend fließend. Waren die ERP-Systeme der Vergangenheit in sich geschlossene Systeme, die unternehmensintern die wichtigsten Bereiche wie Produktion, Absatz und Finanzen abdeckten, brachte die zunehmende Vernetzung neue Anforderungen und Möglichkeiten mit sich.

Mit Software, die man als ERP-II bezeichnet, versucht man nun nicht mehr nur die internen Prozesse abzubilden, sondern darüber hinaus alle externen Abläufe – etwa Lieferketten (Supply Chain Management-SCM) – an das System anzubinden. Dies ermöglicht unternehmensübergreifende Kommunikation und Kooperation bei Datenerfassung und Datenverwendung und somit eine Beschleunigung der Geschäftsprozesse aller beteiligten Unternehmen.

Durch die fortschreitende Vernetzung der IT-Systeme hat sich eine Abgrenzung zwischen ERP und ERP-II nicht in dem Maße durchgesetzt, wie man es sich erhofft hatte. Es fehlt eine einheitliche Definition und viele Anbieter verwenden den Begriff ERP-II lediglich als Marketinginstrument[4].

Die nachfolgende Grafik stellt die theoretischen Konzepte von ERP- und ERP-II-Systemen gegenüber. Die unter ERP genannte „geschlossene und monolithische Struktur" kann mit der zunehmenden Bedeutung von Onlinekommunikation und –handel als veraltet angesehen werden:

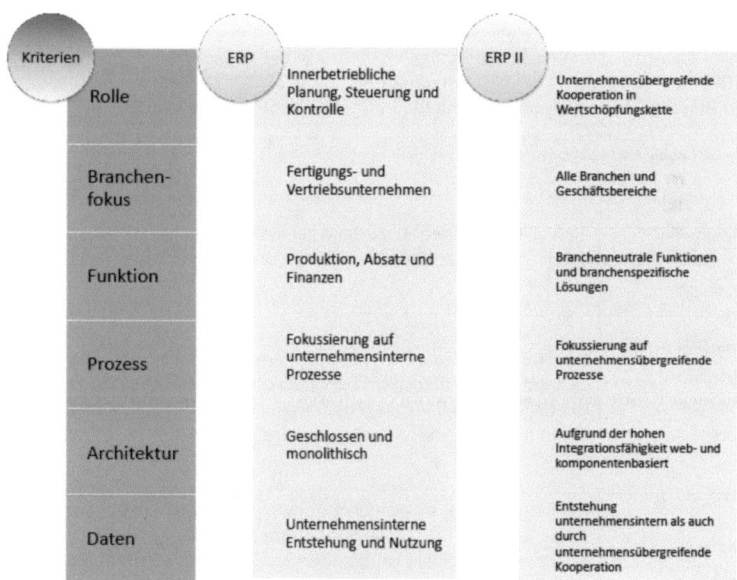

Kriterien	ERP	ERP II
Rolle	Innerbetriebliche Planung, Steuerung und Kontrolle	Unternehmensübergreifende Kooperation in Wertschöpfungskette
Branchen-fokus	Fertigungs- und Vertriebsunternehmen	Alle Branchen und Geschäftsbereiche
Funktion	Produktion, Absatz und Finanzen	Branchenneutrale Funktionen und branchenspezifische Lösungen
Prozess	Fokussierung auf unternehmensinterne Prozesse	Fokussierung auf unternehmensübergreifende Prozesse
Architektur	Geschlossen und monolithisch	Aufgrund der hohen Integrationsfähigkeit web- und komponentenbasiert
Daten	Unternehmensinterne Entstehung und Nutzung	Entstehung unternehmensintern als auch durch unternehmensübergreifende Kooperation

Basierend auf einer Darstellung der Gesellschaft für Informatik und Datenverarbeitungstechnologie mbH (www.idv.de)

---

[3] Vgl. http://www.silicon.de/cio/strategie/0,39038989,39200412,00/68+prozent+aller+it_projekte+scheitern.htm
[4] Vgl. http://www.computerwoche.de/knowledge_center/erp/1896766/index.html

Warenwirtschaftssysteme weisen im Wesentlichen die selben Fähigkeiten auf wie ERP-Systeme. Lediglich die Produktionskomponente ist nicht integriert. Insofern halten wir eine begriffliche Abgrenzung auch in diesem Bereich nicht mehr für angebracht.

2.3 Partner Relationship Management

Der Begriff Partner Relationship Management (PRM) umfasst neben der Bewertung der Kundenbeziehung im Customer Releationship Management (CRM) auch die Einordnung der Beziehung zu den jeweiligen Lieferanten (Supplier Relationship Management - SRM). Ähnlich wie in Kapitel 2.2 unterliegen auch diese Begrifflichkeiten einem Wandel und weisen große Schnittmengen auf.

Man erkennt die Strategie der Unternehmen eine längere Beziehung zu Handelspartnern und Kunden aufrecht zu erhalten, um so den eigenen Umsatz zu erhöhen.

Diese Verlängerung des sogenannten Kundenlebenszyklus ist definiertes Ziel von fast allen Unternehmen und wird heutzutage als „Leitidee des gesamten Marketingkonzeptes"[5] angesehen.

Die Systeme des Partner Relationship Managements nutzen dabei die vorhanden Daten, die im Rahmen von An- und Verkauf erhoben wurden.

Die in den Kapiteln 2.1 bis 2.3 vorgenommen Definitionen haben sich im Rahmen der Recherche zur Thematik als fließend herausgestellt. Abhängig von Anbieter der jeweiligen Software werden abgewandelte oder gänzlich neue Definitionen zur Beschreibung der jeweiligen Software kreiert.

2.4 Methodische Vorgehensweise zur Auswahl eines ERP-Anbieters

Die angesprochene Verwendung von unterschiedlichen Begrifflichkeiten durch die Anbieter von ERP-Software erschwert den Entscheidungsfindungsprozess und macht eine systematische Vorgehensweise bei der Wahl des Anbieters notwendig.

2.4.1 REFA-Planungssystematik zur Auswahl und Installation eines ERP-Systems

Der REFA-Verband für Arbeitsgestaltung, Betriebsorganisation und Unternehmensentwicklung e. V. (1924 gegründet als *Reichsausschuß für Arbeitszeitermittlung*) gilt als Deutschlands älteste und bedeutendste Organisation für Arbeitsgestaltung, Betriebsorganisation und Unternehmensentwicklung sowie betriebliche Weiterbildung[6].

Die Sechs-Stufen-Methode (REFA-Methode) gliedert sich in:

1. Ausgangssituation analysieren 2. Ziele festlegen	Zu Beginn steht der IST-Zustand zur Analyse an. Wie ist die Situation und durch welche Maßnahmen kann eine Verbesserung herbei geführt werden?
3. Arbeitssystem konzipieren 4. Arbeitssystem detaillieren	Die Stufen drei und vier befassen sich mit dem zu erreichenden SOLL-Zustand. Kernelement der Tätigkeiten in diesen Stufen ist die Reflexion der Überlegungen und Planungen zur Verbesserung der IST-Situation sowie die Entscheidung für die weitere Vorgehensweise.
5. Arbeitssystem einführen 6. Arbeitssystem betreiben	Hauptaugenmerk in der Einführungs- und Betriebsphase liegt auf dem Punkt Kontrolle. Aus ihr ergibt sich die Eischätzung, ob die ERP-Software erfolgreich eingeführt wurde oder Nachbesserungsbedarf (=Zusatzkosten) vorhanden ist.

---

[5] Vgl. Walsh/Klee/Kilian (2009) Marketing, Vorlesung Prof. Dr. Walsh, Universität Koblenz, Mai 2009
[6] Vgl. http://de.wikipedia.org/wiki/REFA

2.4.2 Pflichtenheft-Erstellung

Um gezielt mit Beratern und Anbietern von ERP-Software kommunizieren zu können, ist es angebracht ein Pflichtenheft zu erstellen. Erfahrungen in der Praxis zeigen laut Bernhard Ritter, dass bei umfangreichen Investitionsentscheidungen auf die Erstellung eines Pflichtenheftes nicht verzichtet werden sollte. Gerade Fehler, die in der Entwurfsphase gemacht werden, können enorme Folgekosten nach sich ziehen[7].

Ritter gibt in seinem Buch „Enterprise Resource Planning – Pflichtenheft und Evaluation" ein Grundgerüst der Mindestanforderungen an ein Pflichtenheft an, das folgende Punkte umfasst:

- allgemeine Charakterisierung des Unternehmens
- Schwachstellen der umzustellenden Arbeitsgebiete
- Zielsetzungen
- Zusammenstellung der organisatorischen Kenngrößen (Arbeitsumfang, Mengengerüst)
- Anforderungen bezüglich Hard- und Software
- Gewünschte Konditionen
- Modalitäten zum Angebot (Umfang, Gliederung, Termin)

Ähnlich der REFA-Methode ist auch hier ein IST-SOLL-Vergleich erkennbar, der letztlich individuell für jede Unternehmung bei Einführung eines ERP-Systems angestellt werden muss. Musterpflichtenhefte können diese Überlegungen unterstützen, nicht jedoch ersetzten.

2.4.3 Weitere Methoden

Neben der Auswertung von Internetportalen (z.B.: www.it-auswahl.de), Verkaufszahlen der Systemanbietern und relevanten Erfahrungswerten im unternehmerischen Umfeld, sollte die Entscheidung für ein ERP-System unter Hinzuziehung von fachkompetenter Beratung getroffen werden. Das komplexe Themenfeld, wie auch der im Wandel befindliche Markt der ERP-Anbieter bergen ein hohes Risiko an Fehlinvestitionen.

2.5 Marktlage ERP-Anbieter

„Der Markt für ERP Software wird in den nächsten Jahren gesamt betrachtet im Schnitt um 8,1% wachsen, deutlich höher – schon im zweistelligen Bereich – wird das Wachstum im Segment der kleinen und mittleren Unternehmen erwartet."[8] So prognostizierte IDC Korrespondent Rainer Kaltenbrunner die Entwicklung 2007 für die folgenden Jahre.

Dass sich diese Prognose trotz Wirtschaftskrise bewahrheitet hat, bestätigt nun ein Bericht vom 15. Juni 2009 auf www.gartner.com dessen Kurzbeschreibung von einem Gesamtwachstum der Branche von 5,5% und einem Gesamtmarktwert von $21,4 Mrd. bewirbt.[9]

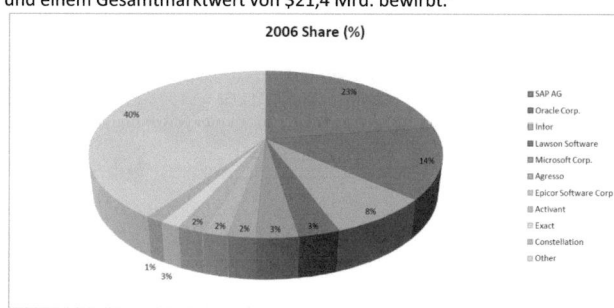

Neben den Branchengrößen SAP und Oracle mit zweistelligen Marktanteilen, macht die Grafik des Jahres 2006 deutlich, dass die große Anzahl an Anbietern eine gezielte Auswahl erschwert (vgl. 40 % Marktanteil andere Anbieter).

Basierend auf den Werten von
http://www.unit4agresso.com/
files/IDCreport_2006vendor_Shares.pdf

---

[7] Vgl. Bernhard Ritter 2005, Enterprise Resource Planning (ERP) Pflichtenhefterstellung und Evaluation, S. 43, 3. Aufl.
[8] Vgl. http://www.kinamu.de/files/pdf/Studie.pdf
[9] Vgl. http://www.gartner.com/DisplayDocument?ref=g_search&id=1021912

2.6 ERP-Systeme bei kleinen und mittelständischen Unternehmen

Gerade bei kleinen und mittelständischen Unternehmen (KMU) kann es von großem Vorteil sein ERP-Systeme zur Optimierung der Geschäftsvorgänge einzusetzen. Durch effizientere Planung, Steuerung und Kontrolle lassen sich Umsatz und Gewinn langfristig erhöhen. Welche Unternehmen als klein und mittelständisch bezeichnet werden, kann der folgenden Tabelle entnommen werden:

KMU-Definition des IfM Bonn (seit 01.01.2002)

Unternehmensgröße	Zahl der Beschäftigten	Umsatz € / Jahr
klein	bis 9	bis unter 1 Million
mittel	10 bis 499	1 bis unter 50 Millionen
Mittelstand (KMU) zusammen	bis 499	bis unter 50 Millionen
groß	500 und mehr	50 Millionen und mehr

© IfM Bonn

http://www.ifm-bonn.org/index.php?id=89

Auch die Entwickler von ERP-Software sind an der Erschließung des KMU-Marktes interessiert, da im Jahr 2007 in Deutschland 99,7% der Unternehmen kleine und mittelständische Unternehmen waren, die rund ⅓ des Gesamtumsatzes erwirtschafteten und sich immer mehr KMU zu einer Modernisierung ihres Unternehmens mit Hilfe von ERP-Software entscheiden.[10]

KMU-Anteile in Deutschland 2007
lt. KMU-Definition des IfM Bonn

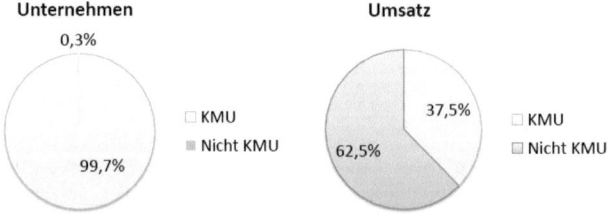

Basierend auf Daten des Statistischen Bundesamtes, der Bundesagentur für Arbeit und Berechnungen des IfM Bonn 04/2009;
http://www.ifm-bonn.org/index.php?id=540

Übertragen auf unser Beispiel zählt die AuFot GmbH mit einer Mitarbeiterzahl von 500 bereits nicht mehr zu den KMU, wohingegen die StahlProd GmbH aufgrund des Jahresumsatzes von 2 Millionen Euro ein mittleres Unternehmen repräsentiert.

Es gibt also nicht nur Unterschiede in der Branche der beiden Unternehmen, sondern auch erhebliche Unterschiede in der Größe, was unserer Meinung nach zu enormen Problemen und wirtschaftlichen Schäden führen würde, wenn die ERP-Lösung einfach von der StahlProd GmbH übernommen werden würde.

---

[10] Vgl. http://www.computerwoche.de/top_100/software/546025/

3. Handlungsempfehlung für die AuFot GmbH

„Viele Systeme halten nicht das, was sie versprechen" – mit dieser Aussage fasst der Geschäftsführer der AuFot-GmbH die vielschichtigen Problemstellungen bei der Einführung von ERP-Systemen zusammen, die im Rahmen unseres Assignments untersucht wurden. Der Kernbereich einer Unternehmung – ein effektives und effizientes ERP-System sollte daher mit Bedacht gewählt sein.

Seine Tendenz zur Übernahme der als funktionierend bekannten ERP-Lösung seines Golfpartners ist schon aufgrund der praktizierten Werbung von Unternehmensberatungen nachvollziehbar[11]. Nach einer Untersuchung der Beratungsfirma IAG Consulting scheitern 68 % aller IT-Projekte[12].

Der ausgearbeitete Lösungsvorschlag beschränkt sich aufgrund der geringen Anzahl an Detailinformationen auf die Kernpunkte Unternehmensgröße, Prozessorientierte Betrachtung, sowie Branchen- und Individuallösungen. Kapitel 4 geht auf die Optimierungsmöglichkeiten ein, die eine Umstrukturierung der AuFot GmbH erfordern.

3.1 Unternehmensgröße als Evaluationskriterium

Die ca. 500 Mitarbeiter beschäftigende AuFot GmbH unterscheidet sich grundlegend in Ihrer Größe von der StahlProd GmbH. Obwohl keine Angaben zur Mitarbeiterzahl lässt sich Anhand der Mitarbeiter und Umsatzzahlen eine Abgrenzung vornehmen.

Nach der KMU-Definition des Instituts für Mittelstandsforschung in Bonn handelt es sich bei der StahlProd GmbH um ein mittleres Unternehmen. Mit einem Umsatz von zwei Millionen Euro ist eine Mitarbeiterzahl in der Größenordnung um 20 Beschäftigte anzunehmen.

Die AuFot GmbH zählt mit ihren 500 Mitarbeitern bereits zu den großen Unternehmen.

Aufgrund der hohen Mitarbeiterzahl ist die AuFot GmbH auf ein effizientes System zur Erfassung der Beschäftigten angewiesen. Von Anwesenheits-, Krankheits- und Urlaubszeiten bis hin zu Aktenführung und Stellenmanagement sind die Anforderungen an das Human Resource Management System (HRMS) umfangreicher, als bei Betrieben in der Dimension der StahlProd GmbH.

Es ist davon auszugehen, dass die Personalabteilung der AuFot GmbH aus mehreren Mitarbeitern besteht, die Zugriff auf dieselben Stammdaten benötigen. Ein Servergestütztes Mehrplatzsystem mit Schnittstellen zur Lohndatenverarbeitung ist zur Unterstützung der Arbeitsabläufe angebracht.

Weiterhin ist insbesondere der Bereich Datenverwaltung (Erfassung, Archivierung, Datensicherheit) zu betrachten, da die Wiederherstellung verlorengegangener Daten aufgrund der Betriebsgröße einen unverhältnismäßig großen Aufwand bedeuten würde.

Weitere Anforderungen an die Überführung des bestehenden Datenbestandes sind im Abschnitt Branchenspezifische Erfordernisse aufgeführt.

3.2 Leistungs- und Lenkungsflüsse als Evaluationskriterium

Erschien das ERP-System in der AuFot GmbH in 3.1 noch umfangreicher, zeigt sich in der Gegenüberstellung der Modelle der Leistungs- und Lenkungsflüsse nach Ferstl und Sinz[13], dass die Unternehmung StahlProd GmbH wesentlich komplexer aufgestellt ist.

Als produzierendes Gewerbe sind die Bereiche Rohstoffankauf, Rohstofflager, Fertigung und Lagerung von Fertigprodukten über ein Produktionsplanungs- und Steuerungssystem (PPS) angebunden und zentraler Bestandteil der Unternehmung.

Das Handelsunternehmen AuFot GmbH benötigt keine Produktionsanteile, da Gegenstand der Unternehmung der An- und Verkauf von Waren aus der Audio- und Fotobranche ist. Ersatzweise wurde ein Warenlager eingebunden, um ein klassisches Handelsunternehmen schematisch darzustellen.

Im Weiteren gilt diese Abbildung als Grundlage für die Unternehmensorganisation der AuFot GmbH.

---

[11] Vgl. http://www.computerwoche.de/knowledge_center/mittelstands_it/1880031/

[12] Vgl. http://www.silicon.de/cio/strategie/0,39038989,39200412,00/68+prozent+aller+it_projekte+scheitern.htm

[13] Vgl Ferstl und Sinz 2008, Grundlagen der Wirtschaftsinformatik, 6. Auflage, S. 48

StahlProd GmbH - Modell der Leistungs- und Lenkungsflüsse

nach Ferstl und Sinz,
Grundlagen der Wirtschaftsinformatik
6. Auflage

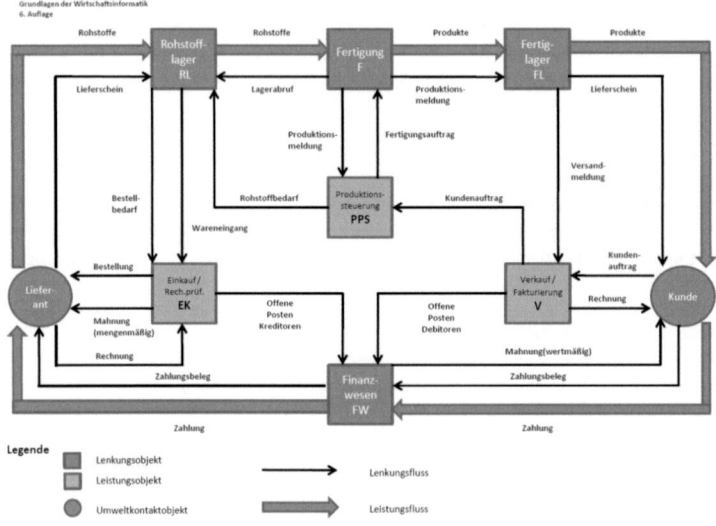

AuFot GmbH - Modell der Leistungs- und Lenkungsflüsse

nach Ferstl und Sinz,
Grundlagen der Wirtschaftsinformatik
6. Auflage

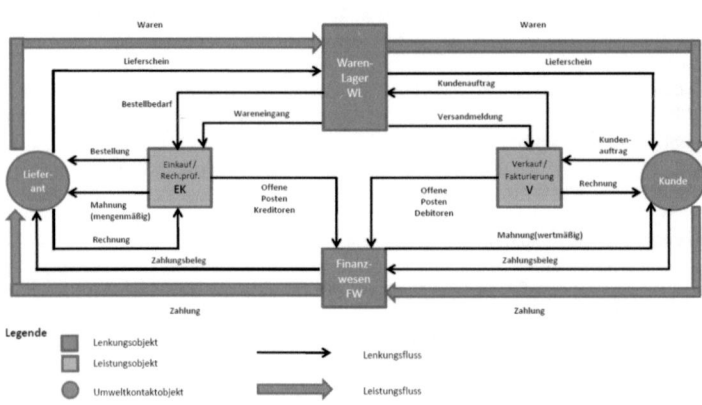

Anhand der oben gezeigten Modelle ist deutlich erkennbar, dass sich die beiden Unternehmen in Aufbau und Struktur stark unterscheiden und deshalb auch komplett unterschiedliche Anforderungen an ein ERP-System haben.

3.3 Vorgehensweise zur Auswahl eines geeigneten Software-Systems

3.3.1 Branchenlösungen

Da es sich bei der AuFot GmbH um eine Handelsunternehmung mit An- und Verkauf, sowie Lagerhaltung handelt, ist anzunehmen, dass bereits unter den Anbietern von Standard-Unternehmenssoftware eine für das Unternehmen adaptierbare Lösung gefunden werden kann.

Als Kriterium für die Kaufentscheidung muss die Kompatibilität mit den Systemen der existierenden Vertragspartner herangezogen werden. Agiert die AuFot GmbH als Zwischenhändler für Großhandelsketten, sollte die Kompatibilität auch in dieser Richtung gewährleistet sein.

Im Falle der Audio und Fotobranche stellt der Zulieferer des Produkts im Rahmen der Angebotserstellung eine Fülle an Detailinformationen zur Verfügung, um als Vertragspartner ausgewählt zu werden. Diese Informationen sollten ohne Datenverarbeitungsaufwand übernommen, ergänzt und zur Angebotserstellung im Weiterverkauf genutzt werden können.

3.3.2 Individuallösung

Eine Individuallösung, also eine auf die AuFot GmbH spezialisierte Softwarelösung, entwickeln zu lassen ist unserer Meinung nach nicht notwendig.

Durch die große Anzahl an Anbietern von ERP-Software und dem klassischen Geschäftsmodell der AuFot GmbH ist eine individualisierte Standardlösung (*Vgl. Kapitel 3.3.1*) zu bevorzugen.

3.3.3 Open-Source-Software

Die Vor- und Nachteile

Vorteile, Stärken

- Modernste Technologie
- Hohe Qualität
- Kostenersparnis bis zu 30%
- Leichte Anpassbarkeit und Erweiterung
- Unabhängigkeit von einem Hersteller
- Offene Standards
- Direkte Beeinflussbarkeit der Entwicklung
- Implementiert wird, was wirklich benötigt wird.

Nachteile, Schwächen

- Keine Gewährleistungsrechte
- Höherer Schulungsaufwand
- Dokumentation teilweise nur in Englisch vorhanden
- Entwicklersupport nicht gesichert
- Eingeschränkte Integration mit Microsoft-Produkten

Bei der Suche nach einem geeigneten ERP-System, sollte man heutzutage auch sogenannte Open-Source-ERP-Software in Betracht ziehen.

Die Vor- und Nachteile von Open-Source-ERP-Software muss der jeweilige Verantwortliche beim Entscheidungsfindungsprozess gegeneinander aufwiegen.

Unserer Meinung nach wird eine potentielle Kostenersparnis von bis zu 30% jedoch durch die fehlenden Gewährleistungsrechte und durch den nicht vorhandenen Entwicklersupport gefährdet.

Im speziellen Falle der AuFot GmbH, die mit einer Mitarbeiterzahl von 500 Angestellten an der Schwelle zum Großunternehmen steht, würden wir von einer Open-Source-ERP-Lösung abraten. Die finanzielle Unschärfe, die durch fehlende Gewährleistungsechte und fehlenden Entwicklersupport entsteht, birgt bei einem Unternehmen dieser Größe ein zu hohes Risiko.

http://www.integratio.com/fileadmin/integratio/downloads/KMU-Magazin_Nr.8-2008_OSS_ERP.pdf

Open-Source-Software im ERP-Markt erfreut sich trotz der oben genannten Nachteile immer größerer Beliebtheit, da gerade in KMU diese günstigen Systeme gefragt sind[14].

---

[14] Vgl. http://www.computerwoche.de/knowledge_center/erp/1893654/

4. Prozessoptimierung AuFot GmbH

Die unter 2.4 geschilderten methodischen Vorgehensweisen zur Einführung einer ERP-Software sind mangels Informationen auf das Beispiel der AuFot GmbH nur teilweise anwendbar. Anhand des zu Grunde gelegten Modells der Leistungs- und Lenkungsflüsse kann jedoch aufgezeigt werden, welche Möglichkeiten sich bei der Einführung eines ERP-Systems durch Umstrukturierungsmaßnahmen der AuFot GmbH ergeben.

4.1 Ausgangsmodell

Das einzuführende ERP-System soll die anfallenden Lenkungsflüsse optimieren und die Verfügbarkeit der Informationen zu den Verkaufsvorgängen an den beteiligten Stellen gewährleisten.

Im Sinne der Kundschaft sollte der Zeitraum zwischen Zahlung und Lieferung der Ware so kurz wie möglich gehalten werden.

Die Ausgestaltung der Lagerwirtschaft hat zu berücksichtigen, dass jeder Lagerbestand gebundenes Kapital einer Unternehmung darstellt und darüber hinaus Kosten verursacht.

AuFot GmbH - Modell der Leistungs- und Lenkungsflüsse - Ausgangmodell
nach Ferstl und Sinz,
Grundlagen der Wirtschaftsinformatik
6. Auflage

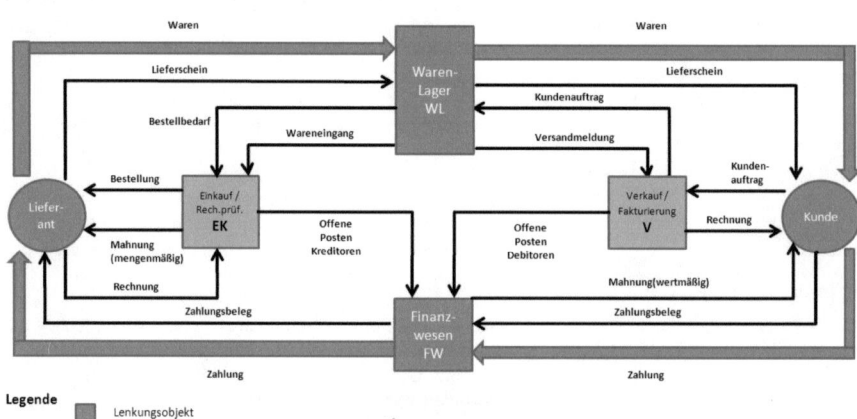

4.2 Modell ohne Lagerhaltung

Zur Reduzierung der Lagerhaltungskosten ist zu prüfen, ob eine Bestellung mit Hilfe des ERP-Systems direkt vom Lieferanten an den Kunden versandt werden kann. Ist der Lieferant dazu in der Lage, stellt sich in diesem Fall das Modell der Leistungs- und Lenkungsflüsse für die AuFot GmbH neu dar.

AuFot GmbH - Modell der Leistungs- und Lenkungsflüsse – ohne Lagerhaltung
nach Ferstl und Sinz,
Grundlagen der Wirtschaftsinformatik
6. Auflage

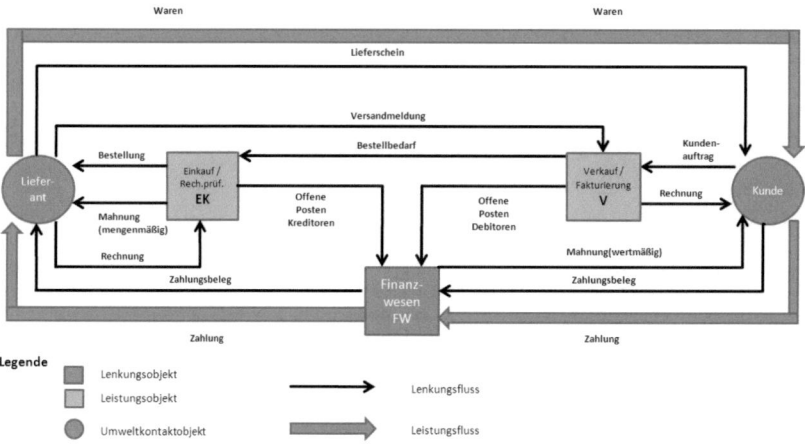

4.3 Modell ohne Lagerhaltung mit Umstrukturierung AuFot GmbH
Abhängig von den Möglichkeiten des Lieferanten könnte die Lagerhaltung gänzlich vermieden werden. Eignet sich die gesamte Produktpalette der AuFot GmbH für ein System ohne Lager, bleibt zu prüfen, ob durch einen Eingriff in die Unternehmensorganisation weitere Kostensenkungen möglich werden.

AuFot GmbH - Modell der Leistungs- und Lenkungsflüsse - Strukturanpassung
nach Ferstl und Sinz,
Grundlagen der Wirtschaftsinformatik
6. Auflage

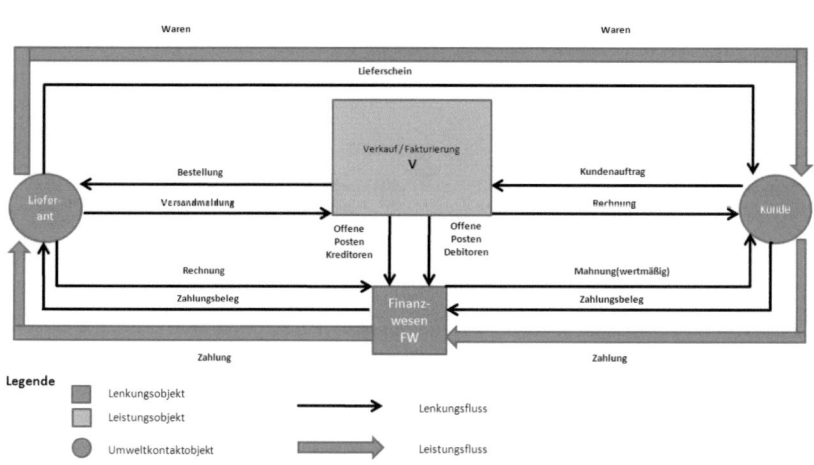

4.4 Praxisbeispiel Amazon

Als Vergleichsbeispiel für die AuFot GmbH eignet sich der Onlinehändler Amazon. Über die Internetplattform haben Lieferanten die Möglichkeit die Produkte auf Amazon anzubieten. Amazon tritt in diesem Modell nur noch als Dienstleister in der Vermittlung des Kaufgeschäftes auf.

Vorteil in diesem Modell ist, dass der Kunde sich einmalig gegenüber Amazon mit seinen Kunden- und Zahlungsdaten authentifiziert und beliebig bei angeschlossenen Lieferanten einkaufen kann.

Die Lieferanten erhalten in diesem Modell alle relevanten Daten zur Auslieferung der Ware über Amazon und gewährleisten den rechtzeitigen Versand der Ware. Durch die Auslagerung des Zahlungsvorgangs kann der Lieferant mehr Bestellungen bearbeiten und hat einen geringeren Aufwand in der Bearbeitung von Kundenaufträgen.

Da Amazon sowohl mit dem Verkaufsplattformprinzip arbeitet, als auch eigene Lager unterhält, sollte auch die AuFot GmbH prüfen, welche Produktbestände eine Lagerhaltung kosteneffizient erlauben und bei welchen Produkten eine Lagerhaltung wirtschaftliche Nachteile mit sich bringt.

Damit dürfte sich die Ideallösung für die AuFot GmbH aus den Teillösungen 4.1 und 4.3 ergeben.

5. Fazit

Die weitreichenden Eingriffe in die Unternehmenssubstanz, die mit der Planung und Einführung eines ERP-Systems einhergehen, machen eine fachkundige Beratung und ein systematisches, methodisches Vorgehen unerlässlich.
Ob die Chancen auf Gewinnmaximierung die Risiken bei Fehlentscheidungen rechtfertigen, muss letztlich für jedes Unternehmen individuell geprüft und entschieden werden.

Die grundsätzliche Entscheidung für die Einführung eines neuen ERP-Systems in der AuFot GmbH halten wir für sinnvoll, vorausgesetzt, das alte ERP-System erfüllt die Anforderungen nicht zufriedenstellend.
Von dem Vorhaben das System von einem befreundeten Unternehmer zu übernehmen, würden wir allerdings dringend abraten, da wir hier enorme Probleme und finanzielle Risiken sehen.
Als Vorgehensweise, würden wir die genannten Methoden wie Pflichtenhefterstellung und REFA-Analyse vorschlagen, sowie zu einer generell überlegten und gründlichen Bedarfsermittlung raten.
Eine individualisierte Standard-Software-Lösung in Kombination mit einer Prüfung und eventuellen Optimierung der eigenen Unternehmensprozesse möchten wir als Handlungsempfehlung nahe legen.

Literaturverzeichnis

[1] Jörg Becker, Oliver Richter, Axel Winkelmann 2008, Analyse von Plattformen und Marktübersichten für die Auswahl von ERP- und Warenwirtschaftssystemen, Arbeitsbericht Nr.121, Westfälischen Wilhelms-Universität Münster

[2] Laudon, Laudon und Schoder 2006 ,Wirtschaftsinformatik – eine Einführung, Kapitel 9, 10. Aufl. 2008

[3] http://www.silicon.de/cio/strategie/0,39038989,39200412,00/68+prozent+aller+it_projekte+scheitern.htm

[4] http://www.computerwoche.de/knowledge_center/erp/1896766/index.html

[5] Walsh/Klee/Kilian (2009) Marketing, Vorlesung Prof. Dr. Walsh, Universität Koblenz, Mai 2009

[6] http://de.wikipedia.org/wiki/REFA

[7] Bernhard Ritter 2005, Enterprise Resource Planning (ERP) Pflichtenhefterstellung und Evaluation, S. 43, 3. Aufl.

[8] http://www.kinamu.de/files/pdf/Studie.pdf

[9] http://www.gartner.com/DisplayDocument?ref=g_search&id=1021912

[10] http://www.computerwoche.de/top_100/software/546025/

[11] http://www.computerwoche.de/knowledge_center/mittelstands_it/1880031/

[12] http://www.silicon.de/cio/strategie/0,39038989,39200412,00/68+prozent+aller+it_projekte+scheitern.htm

[13] Ferstl und Sinz 2008, Grundlagen der Wirtschaftsinformatik, 6. Auflage, S. 48

[14] http://www.computerwoche.de/knowledge_center/erp/1893654/